Impressum
Verlag: BABADADA GmbH, Nedderfeld 112 , 22529 Hamburg
Geschäftsführer / Verlagsleitung: Harald Hof
Druck: Books on Demand GmbH, In de Tarpen 42, 22848 Norderstedt

Imprint
Publisher: BABADADA GmbH, Nedderfeld 112 , 22529 Hamburg, Germany
Managing Director / Publishing direction: Harald Hof
Print: Books on Demand GmbH, In de Tarpen 42, 22848 Norderstedt

mokykla
école

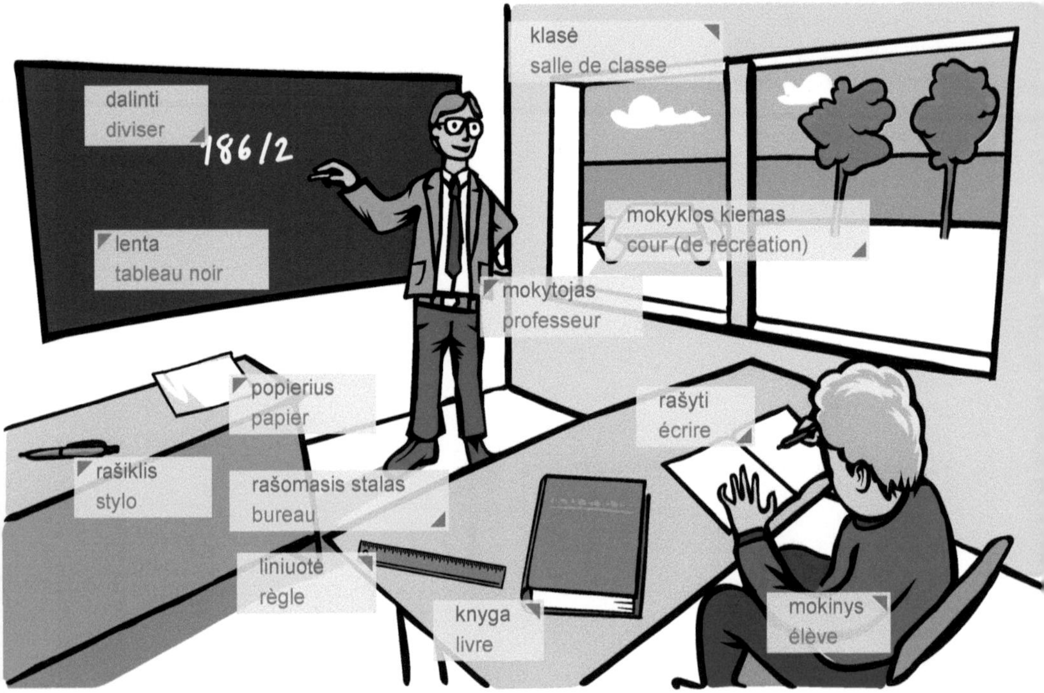
klasė
salle de classe
dalinti
diviser
186/2
lenta
tableau noir
mokyklos kiemas
cour (de récréation)
mokytojas
professeur
popierius
papier
rašyti
écrire
rašiklis
stylo
rašomasis stalas
bureau
liniuotė
règle
knyga
livre
mokinys
élève

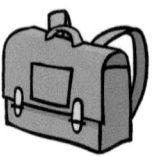

kuprinė

cartable

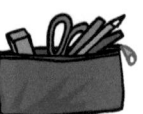

penalas

trousse

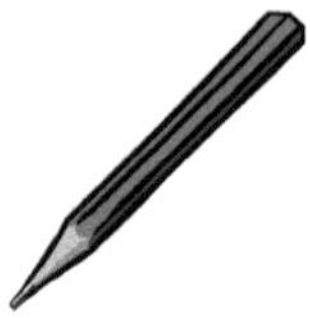

pieštukas

crayon

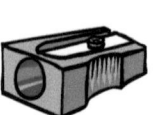

drožtukas

taille-crayon

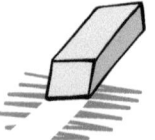

trintukas

gomme

piešimo bloknotas

carnet à dessin

piešinys

dessin

teptukas

pinceau

dažų dėžutė

boîte de peinture

žirklės

ciseaux

klijai

colle

vadovėlis

cahier d'exercices

namų darbai

devoirs

12

numeris

chiffre

2+2

pridėti

additionner

5-2

atimti

soustraire

2×2

dauginti

multiplier

skaičiuoti

calculer

A

raidė

lettre

ABCDEFG
HIJKLMN
OPQRSTU
VWXYZ

abėcėlė

alphabet

hello

žodis

mot

tekstas

texte

skaityti

lire

kreida

craie

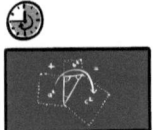

pamoka

leçon

dienynas

livre de classe

egzaminas

examen

pažymėjimas

certificat

mokyklinė uniforma

uniforme scolaire

išsilavinimas

formation

enciklopedija

lexique

universitetas

université

mikroskopas

microscope

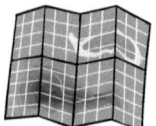

žemėlapis

carte

šiukšliadėžė

corbeille à papier

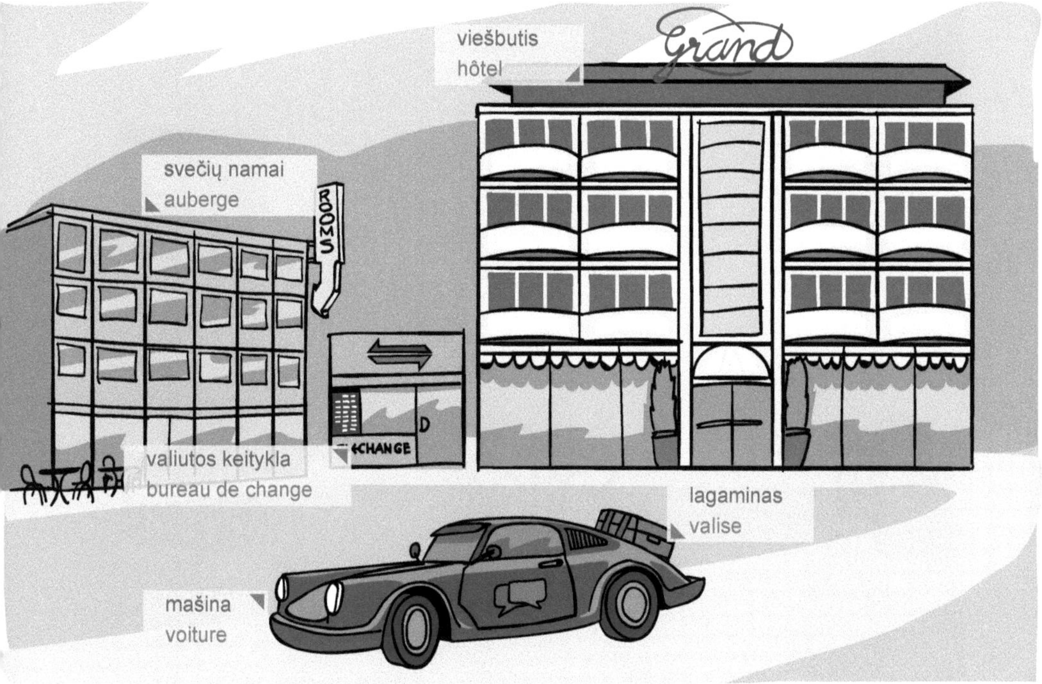

viešbutis
hôtel
Grand
svečių namai
auberge
ROOMS
valiutos keitykla
bureau de change
CHANGE
lagaminas
valise
mašina
voiture

kalba
langue

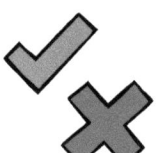

taip / ne
oui / non

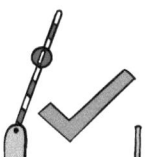

Gerai
d'accord

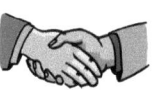

sveiki
Salut

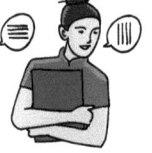

vertėjas raštu
interprète

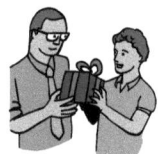

Ačiū
merci

kiek kainuoja...?

Combien coûte...?

aš nesuprantu

Je ne comprends pas

problema

problème

Labas vakaras!

Bonsoir !

Labas rytas!

Bonjour !

Labos nakties!

Bonne nuit !

viso gero

Au revoir

kryptis

direction

bagažas

bagages

krepšys

sac

kuprinė

sac-à-dos

svečias

hôte

kambarys

pièce

miegmaišis

sac de couchage

palapinė

tente

kelionė - voyage

turizmo informacija

office de tourisme

paplūdimys

plage

kreditinė kortelė

carte de crédit

pusryčiai

petit-déjeuner

pietūs

déjeuner

vakarienė

dîner

bilietas

billet

liftas

ascenseur

pašto ženklas

timbre

siena

frontière

muitinė

douane

ambasada

ambassade

viza

visa

pasas

passeport

transportas

transport

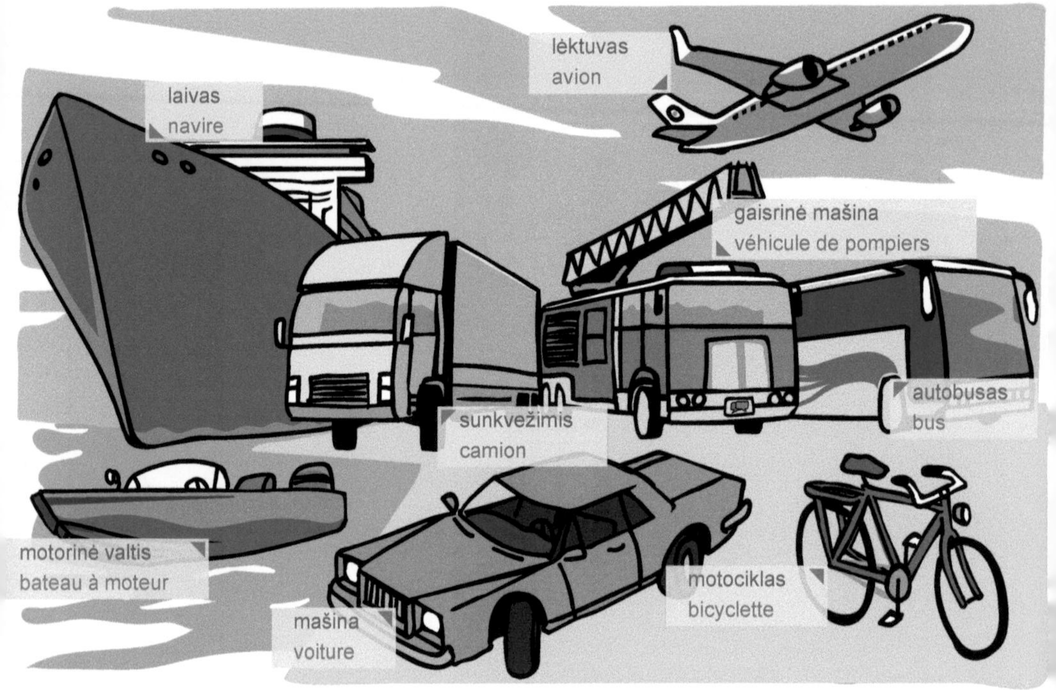

lėktuvas
avion
laivas
navire
gaisrinė mašina
véhicule de pompiers
autobusas
bus
sunkvežimis
camion
motorinė valtis
bateau à moteur
motociklas
bicyclette
mašina
voiture

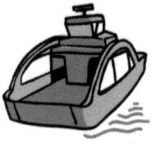

keltas

ferry

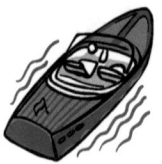

valtis

barque

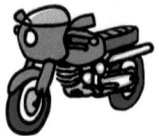

mopedas

moto

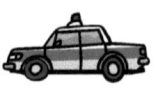

policijos automobilis

voiture de police

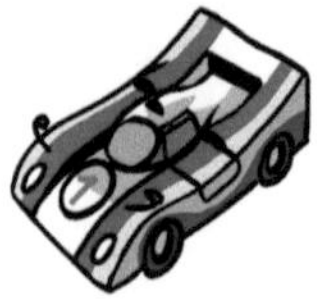

lenktyninis automobilis

voiture de course

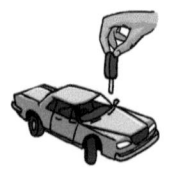

nuomojamas automobilis

voiture de location

bendras automobilio
naudojimas
....
auto-partage

techninės pagalbos
automobilis
....
voiture de remorquage

šiukšliavežė
....
benne à ordures

variklis
....
moteur

degalai
....
essence

degalinė
....
station d'essence

kelio ženklas
....
panneau indicateur

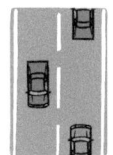

eismas
....
trafic

eismo spūstis
....
embouteillage

mašinų stovėjimo aikštelė
....
parking

traukinių stotis
....
gare

bėgiai
....
rails

traukinys
....
train

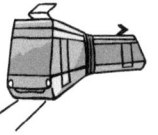

tramvajus
....
tramway

vagonas
....
wagon

sraigtasparnis

hélicoptère

oro uostas

aéroport

bokštas

tour

keleivis

passager

konteineris

conteneur

dėžė

carton

vežimėlis

chariot

krepšys

corbeille

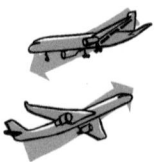

pakilti / nusileisti

décoller / atterrir

miestas

ville

kaimas

village

miesto centras

centre-ville

namas

maison

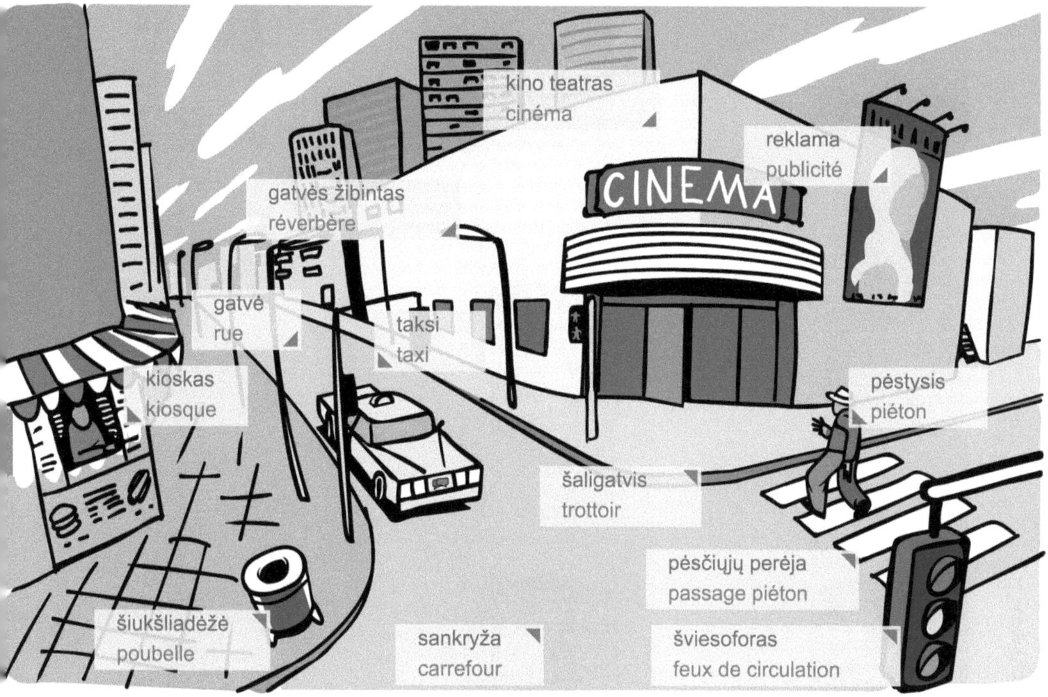

kino teatras
cinéma

reklama
publicité

gatvės žibintas
réverbère

gatvė
rue

taksi
taxi

pėstysis
piéton

kioskas
kiosque

šaligatvis
trottoir

pėsčiųjų perėja
passage piéton

šiukšliadėžė
poubelle

sankryža
carrefour

šviesoforas
feux de circulation

trobelė
cabane

butas
appartement

traukinių stotis
gare

rotušė
mairie

muziejus
musée

mokykla
école

universitetas

université

bankas

banque

ligoninė

hôpital

viešbutis

hôtel

vaistinė

pharmacie

biuras

bureau

knygynas

librairie

parduotuvė

magasin

gėlių parduotuvė

fleuriste

prekybos centras

supermarché

turgus

marché

universalinė parduotuvė

grand magasin

žuvies parduotuvė

poissonnerie

prekybos centras

centre commercial

uostas

port

parkas

parc

suoliukas

banque

tiltas

pont

laiptai

escaliers

metro

métro

tunelis

tunnel

autobusų stotelė

arrêt de bus

baras

bar

restoranas

restaurant

lauko pašto dėžutė

boîte à lettres

kelio ženklas

panneau indicateur

parkomatas

parcmètre

zoologijos sodas

zoo

baseinas

piscine

mečetė

mosquée

ūkininko ūkis

ferme

tarša

pollution

kapinės

cimetière

bažnyčia

église

žaidimų aikštelė

aire de jeux

šventykla

temple

kraštovaizdis

paysage

lapas
feuille

kelio rodyklė
panneau indicateur

kelias
chemin

pieva
pré

akmuo
pierre

ėjikas
randonneur

medis
arbre

upė
rivière

žolė
herbe

gėlė
fleur

slėnis
vallée

kalva
montagne

ežeras
lac

miškas
forêt

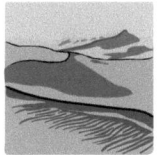

dykuma
désert

ugnikalnis
volcan

pilis
château

vaivorykštė
arc-en-ciel

grybas
champignon

palmė
palmier

uodas
moustique

musė
mouche

skruzdėlė
fourmis

bitė
abeille

voras
araignée

vabalas

coléoptère

varlė

grenouille

voverė

écureuil

ežys

hérisson

kiškis

lièvre

pelėda

chouette

paukštis

oiseau

gulbė

cygne

šernas

sanglier

elnias

cerf

briedis

élan

užtvanka

barrage

vėjo jėgainė

éolienne

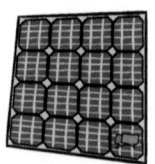

saulės baterija

panneau solaire

klimatas

climat

restoranas
restaurant

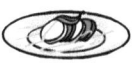

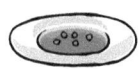

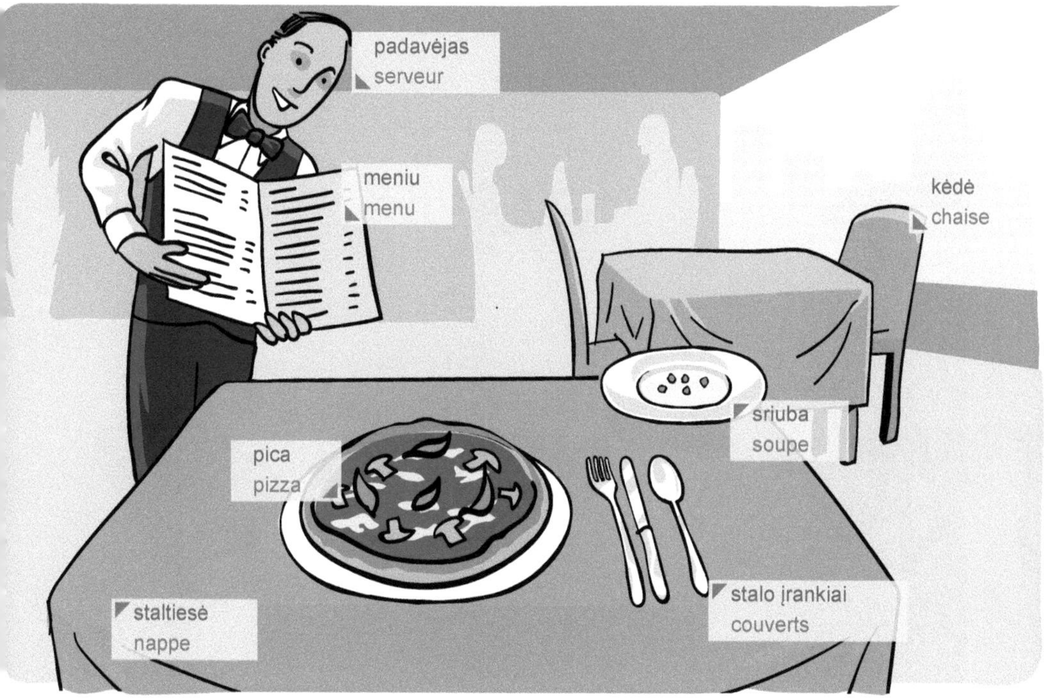
padavėjas
serveur
meniu
menu
kėdė
chaise
sriuba
soupe
pica
pizza
staltiesė
nappe
stalo įrankiai
couverts

užkandis

hors d'œuvre

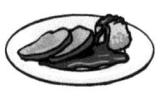

pagrindinis patiekalas

plat principal

desertas

dessert

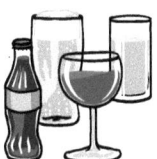

gėrimai

boissons

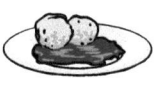

maistas

alimentation

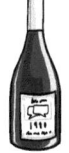

butelis

bouteille

greitai pateikiamas maistas

fast-food

gatvės maistas

plats à emporter

arbatinukas

théière

cukrinė

sucrier

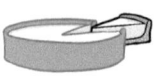

porcija

portion

espreso aparatas

machine à expresso

aukšta kėdė

chaise haute

sąskaita

facture

padėklas

plateau

peilis

couteau

šakutė

fourchette

šaukštas

cuillère

arbatinis šaukštelis

cuillère à thé

servetėlė

serviette

stiklinė

verre

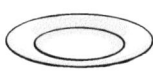

lėkštė
assiette

sriubos lėkštė
assiette à soupe

padėklas
soucoupe

padažas
sauce

druskinė
salière

pipirų malūnėlis
moulin à poivre

actas
vinaigre

aliejus
huile

prieskoniai
épices

kečupas
ketchup

garstyčios
moutarde

majonezas
mayonnaise

prekybos centras
supermarché

specialus pasiūlymas
offre promotionnelle
FOR
pirkėjas
client
pieno produktai
produits laitiers
vaisiai
fruits
troleibusas
chariot

BUTCHERS

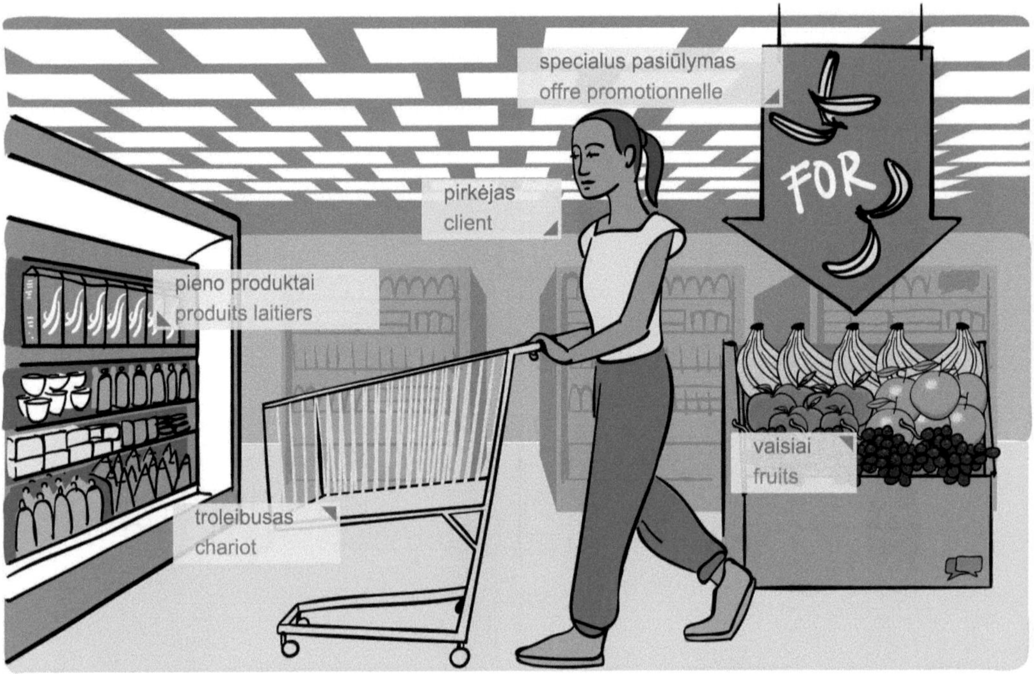

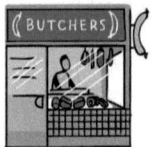

mėsos parduotuvė

boucherie

BAKERY

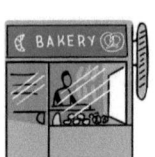

kepykla

boulangerie

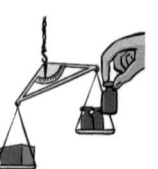

sverti

peser

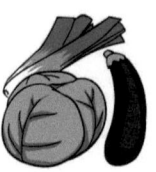

daržovės

légumes

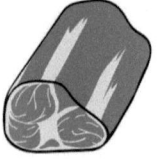

mėsa

viande

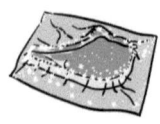

šaldytas maistas

aliments surgelés

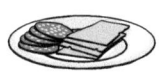

šalti mėsos užkandžiai

charcuterie

konservai

conserves

skalbimo milteliai

poudre à lessive

saldumynai

bonbons

ūkinės prekės

articles ménagers

valymo priemonės

détergents

pardavėja

vendeuse

kasos aparatas

caisse

kasininkas

caissier

pirkinių sąrašas

liste d'achats

darbo valandos

heures d'ouverture

piniginė

portefeuille

kreditinė kortelė

carte de crédit

maišelis

sac

plastikinis maišelis

sac en plastique

prekybos centras - supermarché

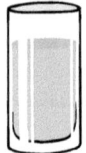

vanduo

eau

sultys

jus de fruit

pienas

lait

kola

coca

vynas

vin

alus

bière

alkoholis

alcool

kakava

chocolat chaud

arbata

thé

kava

café

espresas

expresso

kapučinas

cappuccino

bananas
banane

obuolys
pomme

apelsinas
orange

arbūzas
melon

citrina
citron

morka
carotte

česnakas
ail

bambukas
bambou

svogūnas
oignon

grybas
champignon

riešutai
noisettes

makaronai
pâtes

spagečiai

spaghetti

ryžiai

riz

salotos

salade

traškučiai

pommes frites

keptos bulvės

pommes de terre rôties

pica

pizza

mėsainis

hamburger

sumuštinis

sandwich

pjausnys

escalope

kumpis

jambon

saliamis

salami

dešrelė

saucisse

vištiena

poulet

kepsnys

rôti

žuvis

poisson

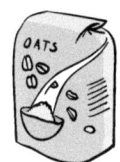

avižų dribsniai

flocons d'avoine

dribsniai su priedais

muesli

kukurūzų dribsniai

cornflakes

miltai

farine

prancūziškasis ragelis

croissant

bandelė

petits-pains

duona

pain

skrebutis

pain grillé

sausainiai

biscuits

sviestas

beurre

varškė

le fromage blanc

tortas

gâteau

kiaušinis

œuf

kiaušinienė

œuf au plat

sūris

fromage

ledai

glace

cukrus

sucre

medus

miel

uogienė

confiture

tepamas šokoladas

crème nougat

karis

curry

ūkininko ūkis
ferme

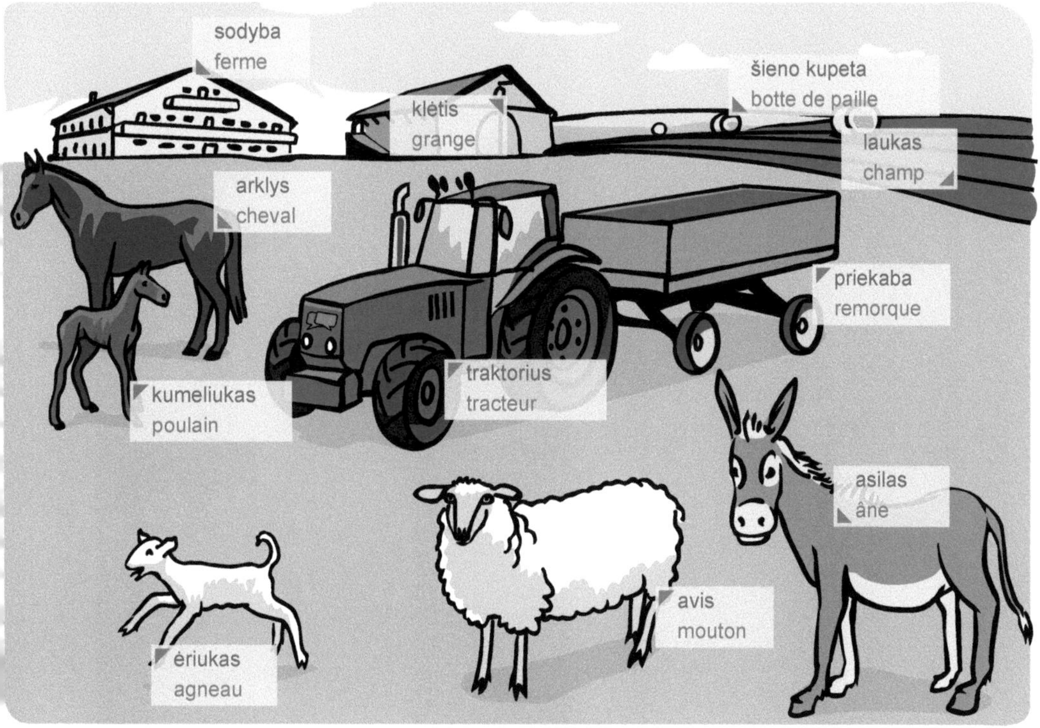

sodyba
ferme
klėtis
grange
šieno kupeta
botte de paille
laukas
champ
arklys
cheval
priekaba
remorque
traktorius
tracteur
kumeliukas
poulain
asilas
âne
avis
mouton
ėriukas
agneau

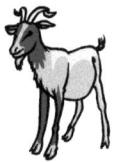

ožys

chèvre

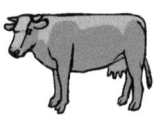

karvė

vache

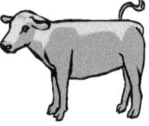

veršis

veau

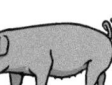

kiaulė

porc

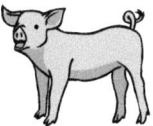

paršelis

porcelet

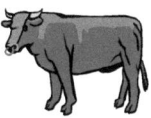

bulius

taureau

žąsis

oie

antis

canard

viščiukas

poussin

višta

poule

gaidys

coq

žiurkė

rat

katė

chat

pelė

souris

jautis

bœuf

šuo

chien

šuns būda

chenil

sodo namas

tuyau de jardin

laistytuvas

arrosoir

dalgis

faucheuse

plūgas

charrue

pjautuvas
faucille

kauptukas
pioche

šakės
fourche

kirvis
hache

statinė
brouette

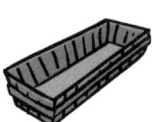

lovys
cuve

bidonas
pot à lait

maišas
sac

tvora
clôture

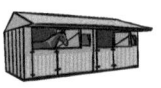

arklidė
étable

šiltnamis
serre

dirva
sol

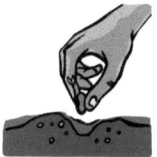

sėkla
semences

trąšos
engrais

kombainas
moissonneuse-batteuse

rinkti

récolter

derlius

récolte

saldžiosios bulvės

igname

kviečiai

blé

soja

soja

bulvė

pomme de terre

kukurūzai

maïs

rapsai

colza

vaismedis

arbre fruitier

manijokas

manioc

grūdai

céréales

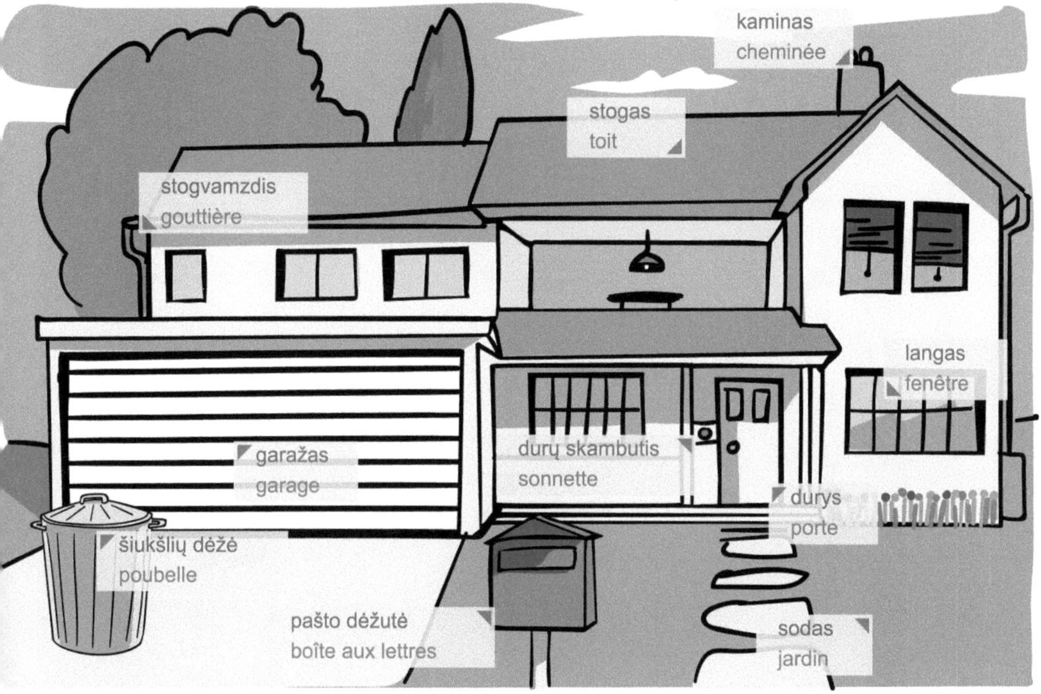

kaminas
cheminée

stogas
toit

stogvamzdis
gouttière

langas
fenêtre

garažas
garage

durų skambutis
sonnette

durys
porte

šiukšlių dėžė
poubelle

pašto dėžutė
boîte aux lettres

sodas
jardin

svetainė
salon

vonios kambarys
salle de bain

virtuvė
cuisine

miegamasis
chambre à coucher

vaiko kambarys
chambre d'enfant

valgomasis
salle à manger

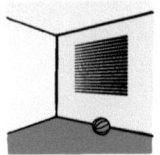

grindys

sol

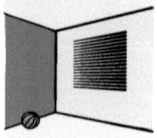

siena

mur

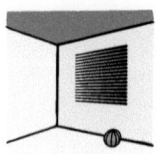

lubos

plafond

rūsys

cave

sauna

sauna

balkonas

balcon

terasa

terrasse

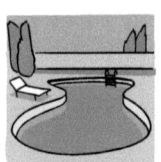

baseinas

piscine

žoliapjovė

tondeuse à gazon

paklodė

housse

lovatiesė

couette

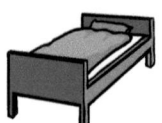

lova

lit

šluota

balai

kibiras

sceau

jungiklis

interrupteur

svetainė
salon

tapetai
papier peint
nuotrauka
image
šviestuvas
lampe
lentyna
étagère
spintelė
armoire
televizorius
télé
židinys
cheminée
gėlė
fleur
pagalvėlė
coussin
sofa
sofa
vaza
vase
nuotolinio valdymo pultelis
télécommande

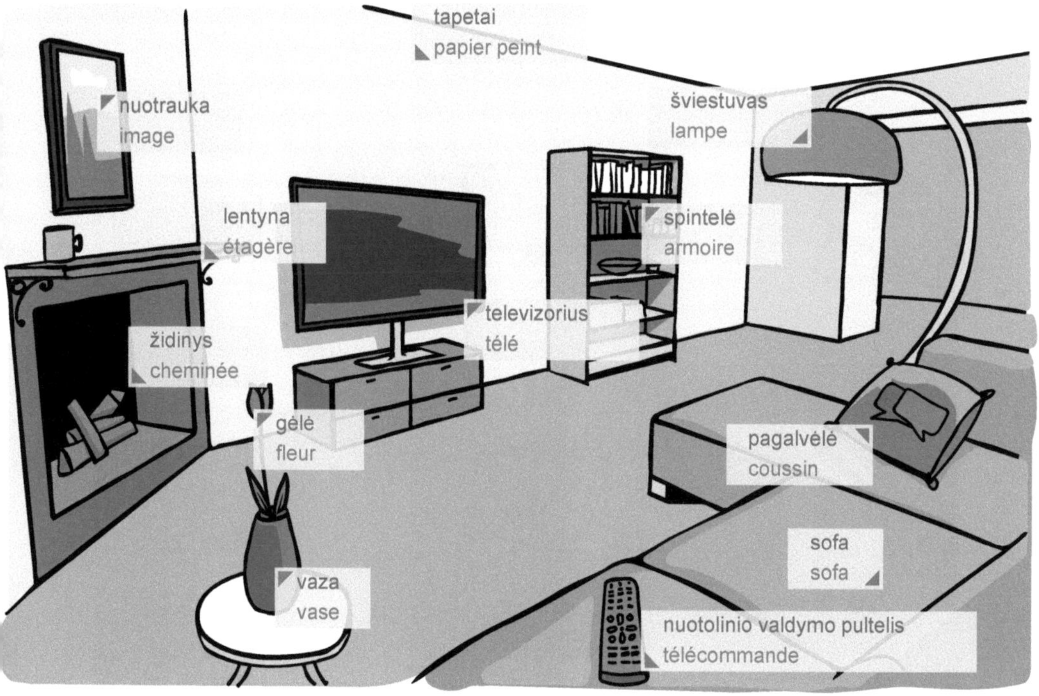

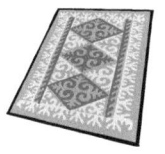

kilimas

tapis

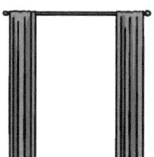

užuolaida

rideau

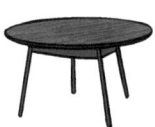

stalas

table

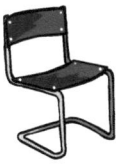

kėdė

chaise

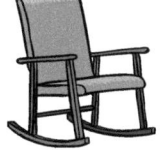

supamasis krėslas

chaise à bascule

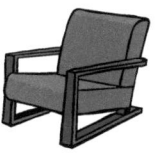

fotelis

fauteuil

knyga

livre

antklodė

couverture

papuošimai

décoration

malkos

bois de chauffage

filmas

film

stereo aparatūra

chaîne hi-fi

raktas

clé

laikraštis

journal

paveikslas

peinture

plakatas

poster

radijas

radio

užrašų knygelė

bloc-notes

dulkių siurblys

aspirateur

kaktusas

cactus

žvakė

bougie

virtuvė
cuisine

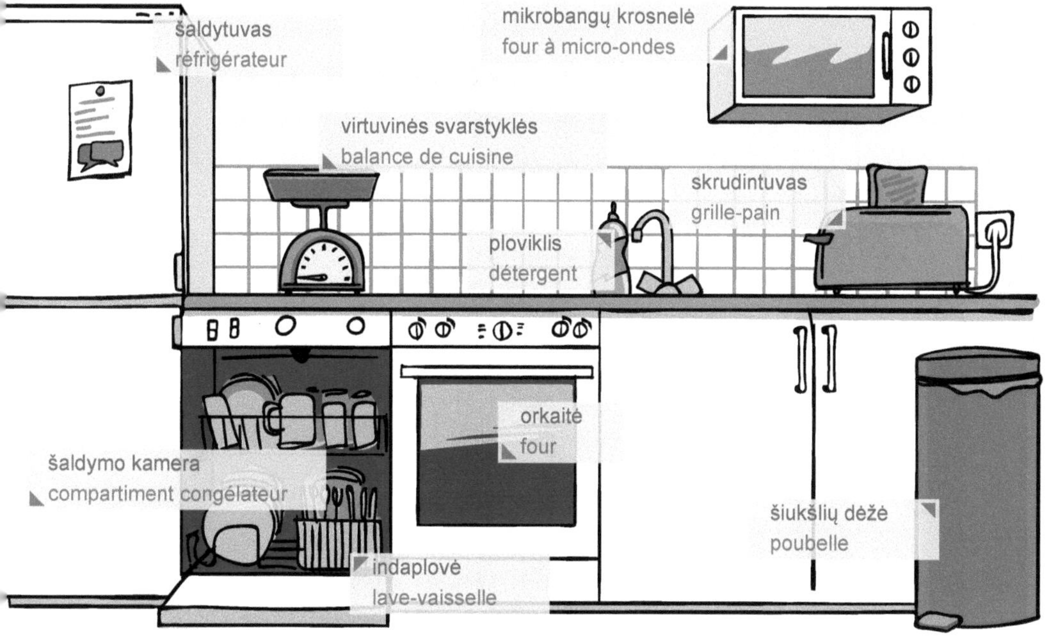

šaldytuvas
réfrigérateur
mikrobangų krosnelė
four à micro-ondes
virtuvinės svarstyklės
balance de cuisine
skrudintuvas
grille-pain
ploviklis
détergent
orkaitė
four
šaldymo kamera
compartiment congélateur
šiukšlių dėžė
poubelle
indaplovė
lave-vaisselle

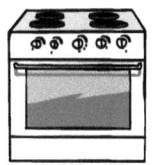

viryklė
four

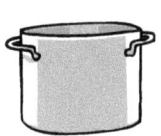

puodas
casserole

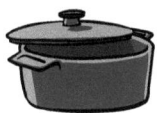

ketaus puodas
marmite

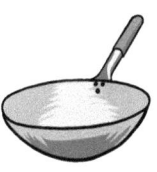

„wok“ keptuvė
wok / kadai

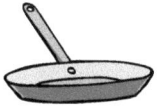

keptuvė
poêle

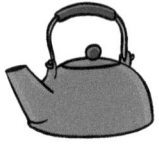

virdulys
bouilloire electrique

garų puodas

cuiseur vapeur

kepimo skarda

plaque de cuisson

porceliano indai

vaisselle

puodelis

gobelet

dubuo

coupe

valgomosios lazdelės

baguettes

samtis

louche

mentelė

spatule

plaktuvas

fouet

koštuvas

passoire

sietas

tamis

trintuvė

râpe

grūstuvė

mortier

kepsninė

barbecue

atvira liepsna

cheminée

pjaustymo lentelė

planche à découper

kočėlas

rouleau à pâtisserie

kamščiatraukis

tire-bouchon

skardinė

boîte

skardinių atidarytuvas

ouvre-boîte

puodkėlė

maniques

kriauklė

lavabo

šepetys

brosse

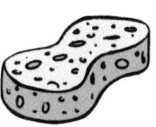

kempinė

éponge

trintuvas

mixeur

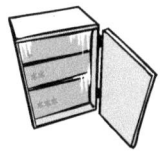

šaldiklis

congélateur

kūdikių buteliukas

biberon

čiaupas

robinet

vonios kambarys

salle de bain

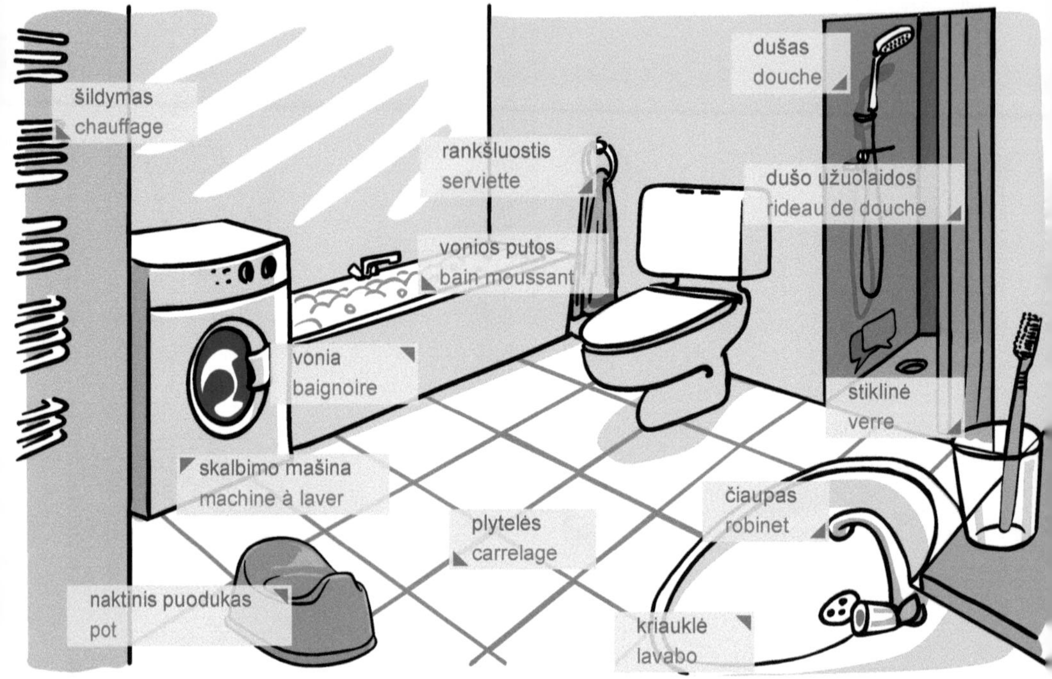

šildymas
chauffage
rankšluostis
serviette
dušas
douche
dušo užuolaidos
rideau de douche
vonios putos
bain moussant
vonia
baignoire
stiklinė
verre
skalbimo mašina
machine à laver
čiaupas
robinet
plytelės
carrelage
naktinis puodukas
pot
kriauklė
lavabo

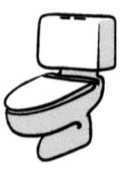

unitazas

toilettes

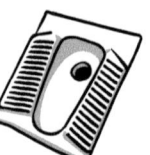

tupimasis unitazas

toilette à la turque

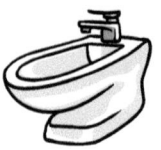

bidė

bidet

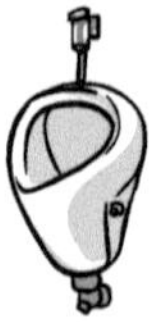

pisuaras

urinoir

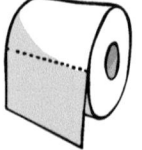

tualetinis popierius

papier toilette

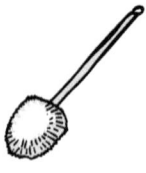

unitazo šepetys

brosse à toilette

dantų šepetėlis

brosse à dents

dantų pasta

dentifrice

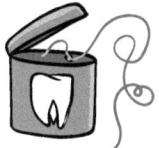

dantų siūlas

fil dentaire

plauti

laver

dušo galvutė

douche manuelle

higieninis dušas

douche intime

praustuvas

vasque

nugaros plaušinė

brosse dorsale

muilas

savon

dušo želė

gel douche

šampūnas

shampooing

plaušinė

gant de toilette

kanalizacija

écoulement

kremas

crème

dezodorantas

déodorant

veidrodis

miroir

veidrodėlis

miroir cosmétique

skustuvas

rasoir

skutimosi putos

mousse à raser

losjonas po skutimosi

après-rasage

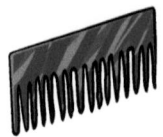

šukos

peigne

šepetys

brosse

plaukų džiovintuvas

sèche-cheveux

plaukų lakas

laque pour cheveux

makiažas

fond de teint

lūpdažis

rouge à lèvres

nagų lakas

vernis à ongles

vata

ouate

žirklutės nagams

coupe-ongles

kvepalai

parfum

maišelis skalbiniams

trousse de toilette

taburetė

tabouret

svarstyklės

pèse-personne

chalatas

peignoir

guminės pirštinės

gants de nettoyage

tamponas

tampon

higieninis įklotas

serviettes hygiéniques

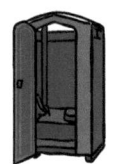

biotualetas

toilette chimique

vaiko kambarys
chambre d'enfant

žadintuvas
réveil
pliušinis žaislas
doudou
žaislinė mašinėlė
voiture jouet
barškutis
hochet
lėlės namelis
maison de poupée
dovana
cadeau

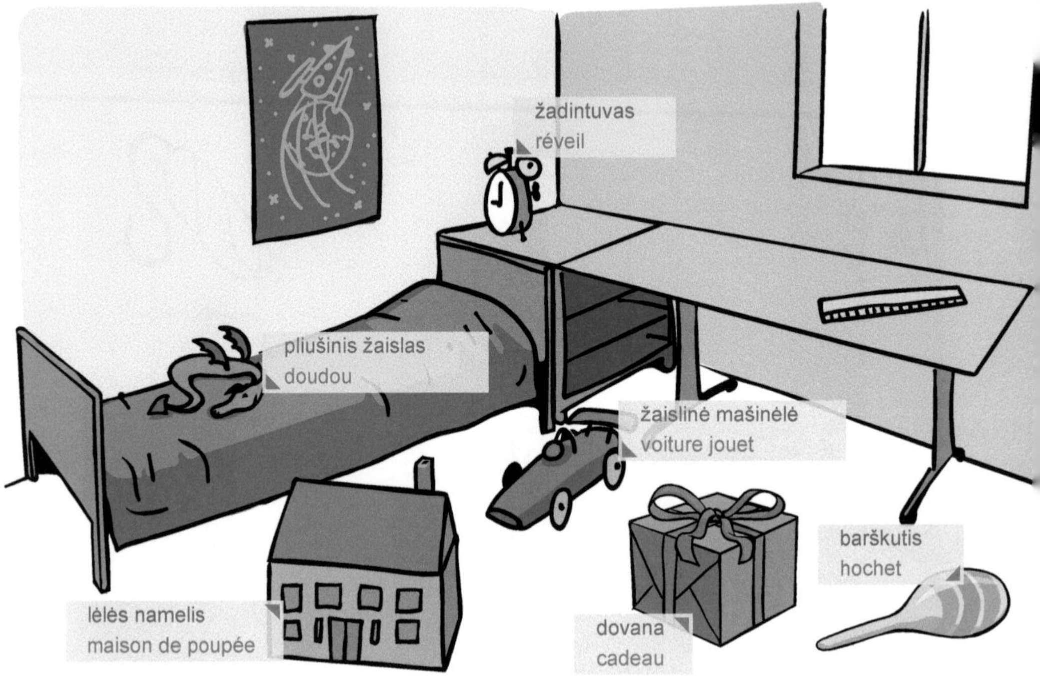

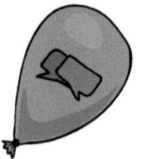

balionas

ballon

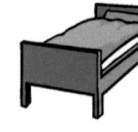

lova

lit

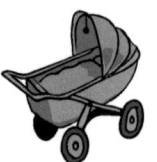

vaikiškas vežimėlis

poussette

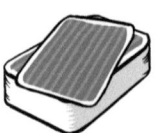

kortų malka

jeu de cartes

delionė

puzzle

SUPER MEGA

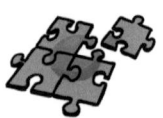

komiksai

bande dessinée

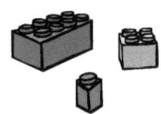

lego kaladėlės

pièces lego

žaislinės kaladėlės

blocs de construction

figūrėlė

figurine

šliaužtinukai

grenouillère

mėtymo lėkštė

frisbee

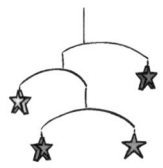

karuselė

mobile

stalo žaidimas

jeu de société

kauliukai

dé

žaislinis traukinys

train miniature

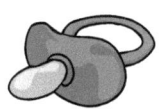

žindukas

sucette

vakarėlis

fête

paveiksliukų knygelė

livre d'images

kamuolys

balle

lėlė

poupée

žaisti

jouer

smėlio dėžė

bac à sable

sūpynės

balançoire

žaislai

jouets

žaidimų konsolė

console de jeu

triratukas

tricycle

meškiukas

ours en peluche

drabužių spinta

armoire

drabužis

vêtements

kojinės

chaussettes

kojinės virš kelių

bas

pėdkelnės

collant

šalikas
écharpe

diržas
ceinture

skėtis
parapluie

marškinėliai
t-shirt

ilgaauliai batai
bottes

šlepetės
pantoufles

sportbačiai
baskets

sandalai
sandales

batai
chaussures

guminiai batai
bottes de caoutchouc

trumpikės
sous-vêtements

liemenėlė
soutien-gorge

liemenė
maillot de corps

glaustinukė

body

kelnės

pantalon

džinsai

jean

sijonas

jupe

palaidinė

chemisier

marškiniai

chemise

megztinis

pull

megztinis su gobtuvu

sweat à capuche

švarkelis

veste

švarkas

veste

paltas

manteau

lietpaltis

imperméable

kostiumas

costume

suknelė

robe

vestuvinė suknelė

robe de mariée

kostiumas
costume

naktiniai marškiniai
chemise de nuit

pižama
pyjama

saris
sari

skarelė
foulard

tiurbanas
turban

burka
burqa

kaftanas
caftan

abaja
abaya

maudymosi kostiumėlis
maillot de bain

glaudės
maillot de bain

šortai
short

sportinis kostiumas
tenue d'entraînement

prijuostė
tablier

pirštinės
gants

saga

bouton

akiniai

lunettes

apyrankė

bracelet

vėrinys

collier

žiedas

bague

auskaras

boucle d'oreille

kepurė

bonnet

pakabas

cintre

skrybėlė

chapeau

kaklaraištis

cravate

užtrauktukas

fermeture éclair

šalmas

casque

breketai

bretelles

mokyklinė uniforma

uniforme scolaire

uniforma

uniforme

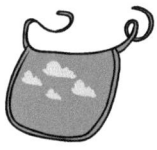

seilinukas

bavoir

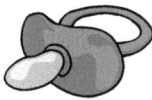

žindukas

sucette

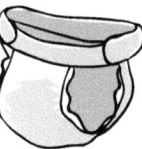

vystyklai

lange

biuras

bureau

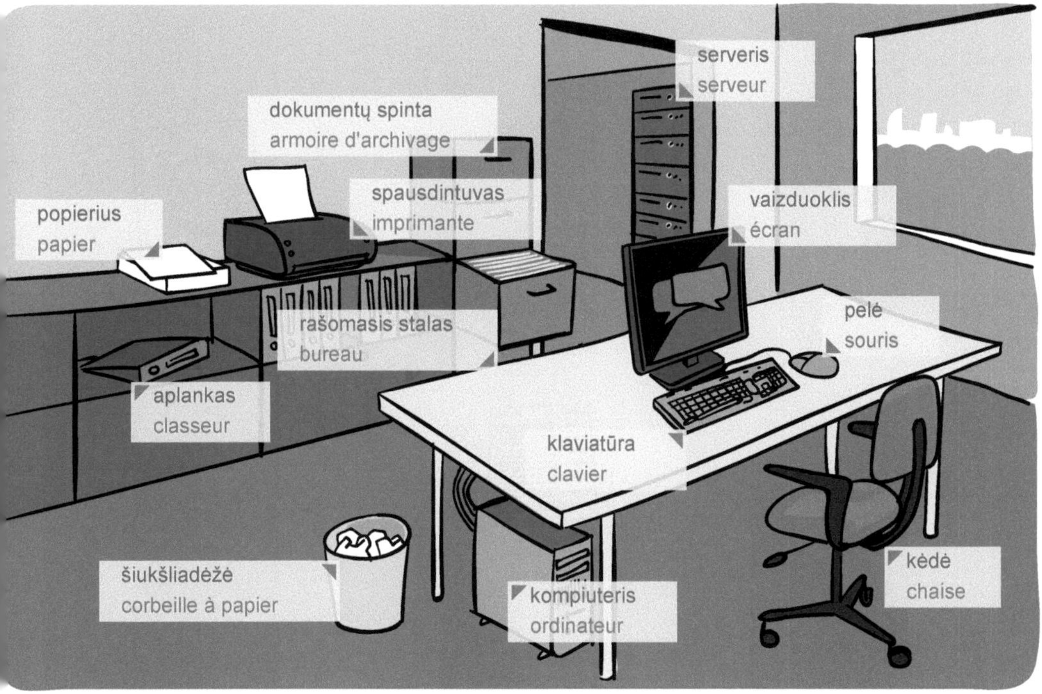

serveris
serveur
dokumentų spinta
armoire d'archivage
spausdintuvas
imprimante
popierius
papier
vaizduoklis
écran
pelė
souris
rašomasis stalas
bureau
aplankas
classeur
klaviatūra
clavier
šiukšliadėžė
corbeille à papier
kompiuteris
ordinateur
kėdė
chaise

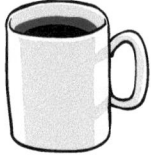

kavos puodelis

tasse de café

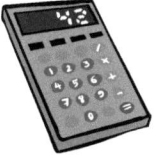

kalkuliatorius

calculatrice

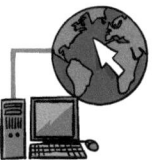

internetas

internet

nešiojamasis kompiuteris

ordinateur portable

laiškas

lettre

žinutė

message

mobilusis telefonas

portable

tinklas

réseau

fotokopijavimo aparatas

photocopieuse

programinė įranga

logiciel

telefonas

téléphone

kištukinis lizdas

prise

faksas

fax

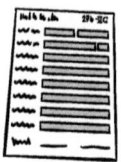

forma

formulaire

dokumentas

document

pirkti

acheter

mokėti

payer

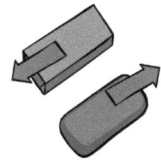

prekiauti

faire du commerce

pinigai

monnaie

doleris

dollar

euras

euro

jena

yen

rublis

rouble

Šveicarijos frankas

franc suisse

juanis

renminbi yuan

rupija

roupie

bankomatas

distributeur automatique

valiutos keitykla

bureau de change

auksas

or

sidabras

argent

nafta

pétrole

energija

énergie

kaina

prix

sutartis

contrat

mokestis

taxe

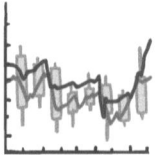

akcijos

action

dirbti

travailler

darbuotojas

employé

darbdavys

employeur

gamykla

usine

parduotuvė

magasin

profesijos
professions

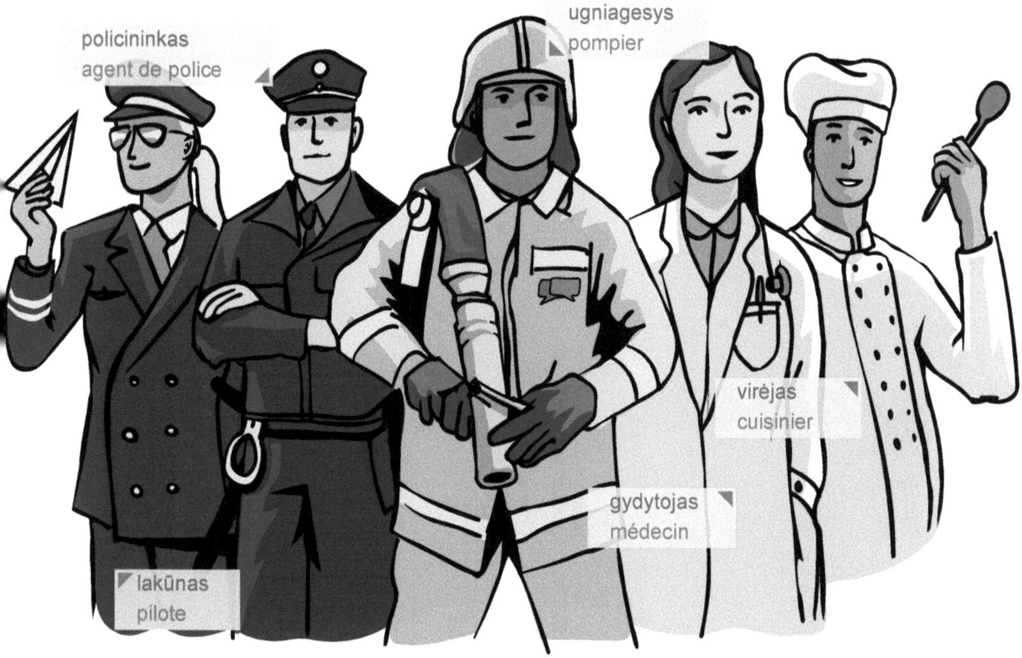
policininkas
agent de police
ugniagesys
pompier
virėjas
cuisinier
gydytojas
médecin
lakūnas
pilote

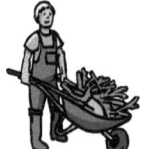

sodininkas

jardinier

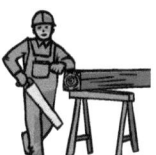

stalius

menuisier

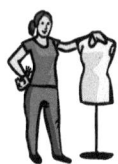

siuvėja

couturière

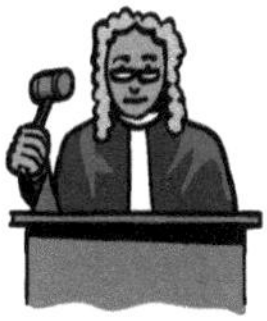

teisėjas

juge

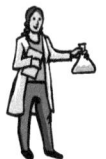

chemikas

chimiste

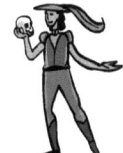

aktorius

acteur

autobuso vairuotojas

conducteur de bus

taksi vairuotojas

chauffeur de taxi

žvejys

pêcheur

valytoja

femme de ménage

stogdengys

couvreur

padavėjas

serveur

medžiotojas

chasseur

dailininkas

peintre

kepėjas

boulanger

elektrikas

électricien

statybininkas

ouvrier

inžinierius

ingénieur

mėsininkas

boucher

santechnikas

plombier

paštininkas

facteur

kareivis
soldat

architektas
architecte

kasininkas
caissier

gėlininkas
fleuriste

kirpėjas
coiffeur

konduktorius
contrôleur

mechanikas
mécanicien

kapitonas
capitaine

odontologas
dentiste

mokslininkas
scientifique

rabinas
rabbin

imamas
imam

vienuolis
moine

kunigas
prêtre

įrankiai
outils

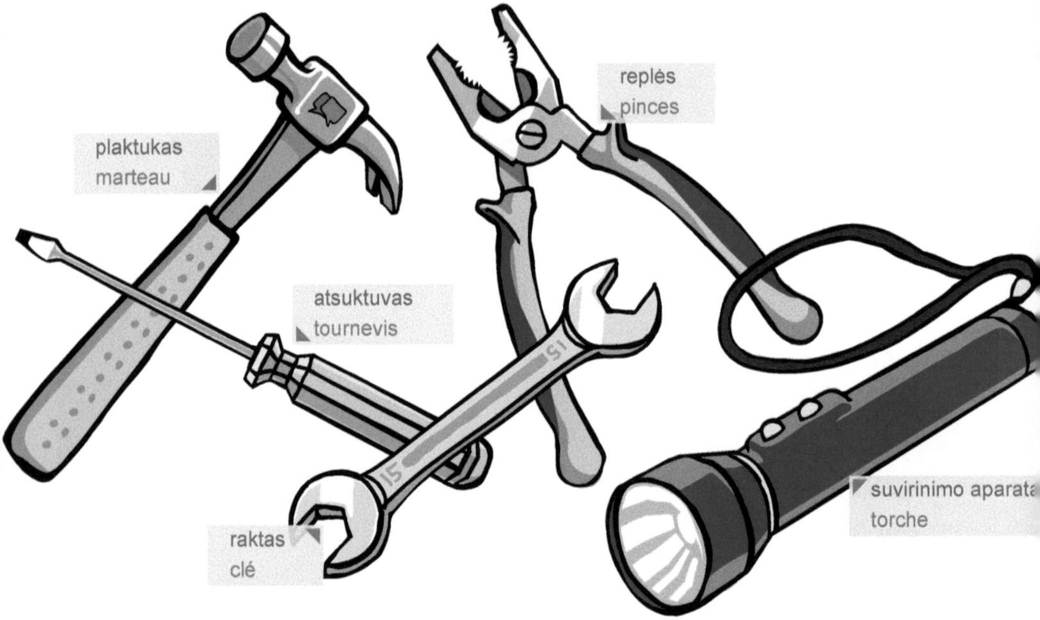
plaktukas
marteau
replės
pinces
atsuktuvas
tournevis
suvirinimo aparatɛ
torche
raktas
clé

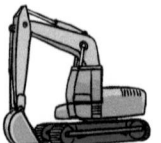

ekskavatorius

pelleteuse

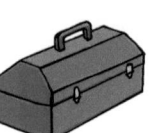

įrankių dėžė

boîte à outils

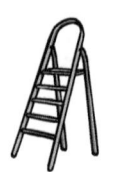

kopėčios

échelle

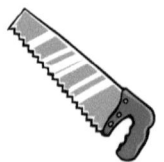

pjūklas

scie

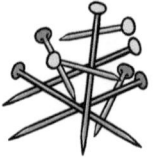

vinys

clous

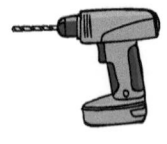

grąžtas

perceuse

taisyti
réparer

kastuvas
pelle

Velniava!
Mince !

semtuvėlis
pelle

dažų skardinė
pot de peinture

varžtai
vis

muzikos instrumentai
instruments de musique

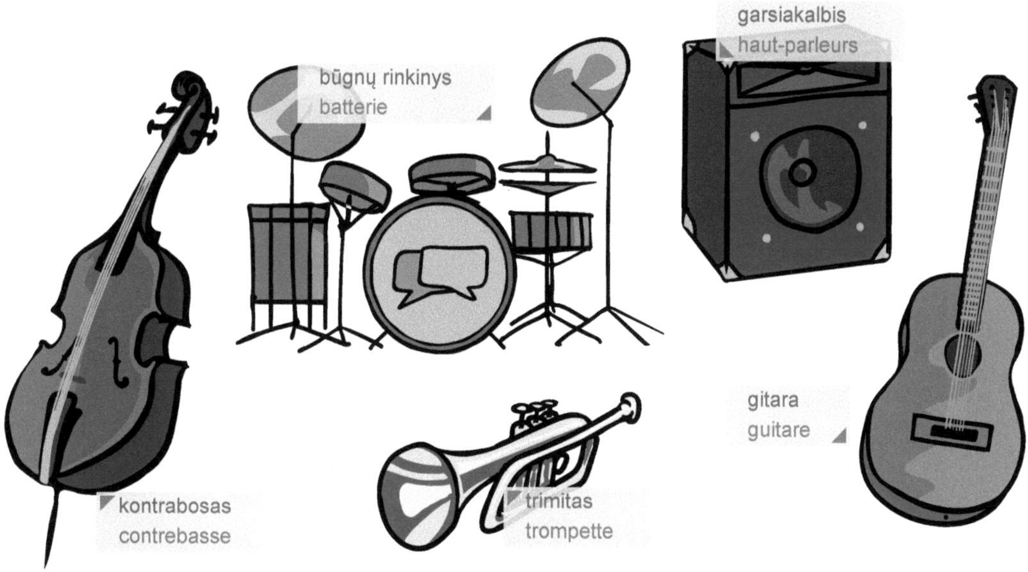

garsiakalbis
haut-parleurs

būgnų rinkinys
batterie

gitara
guitare

kontrabosas
contrebasse

trimitas
trompette

pianinas

piano

smuikas

violon

bosinė gitara

basse

timpanas

timbales

būgnai

tambour

sintezatorius

piano électrique

saksofonas

saxophone

fleita

flûte

mikrofonas

microphone

zoologijos sodas

zoo

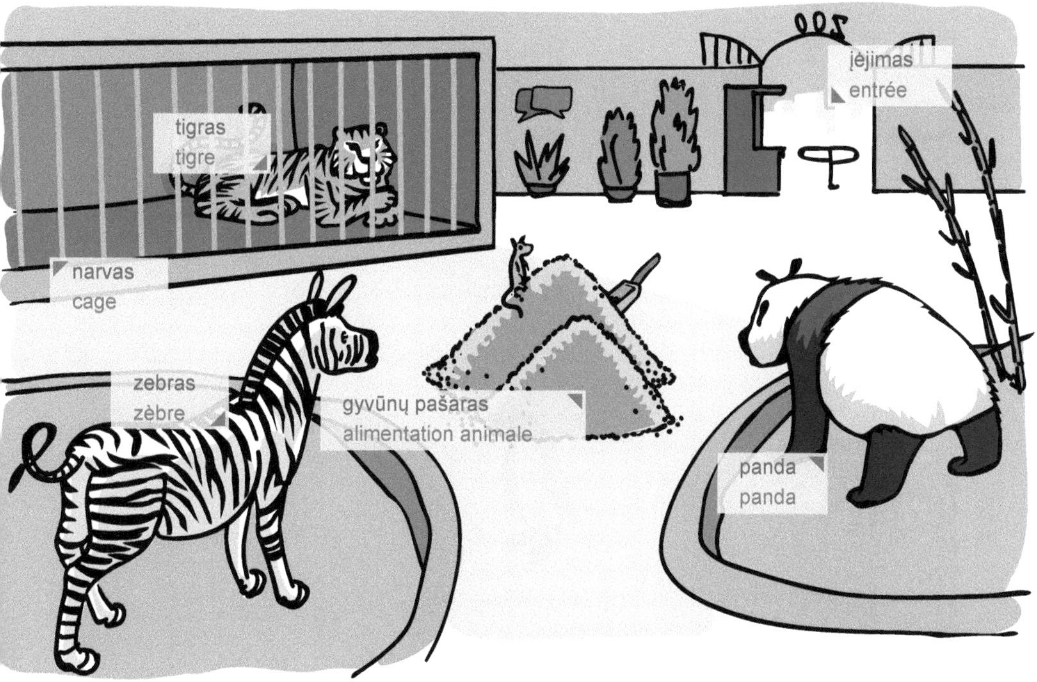

tigras
tigre
įėjimas
entrée
narvas
cage
zebras
zèbre
gyvūnų pašaras
alimentation animale
panda
panda

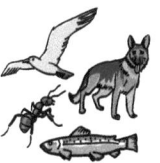

gyvūnai

animaux

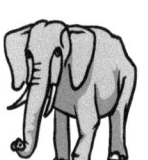

dramblys

éléphant

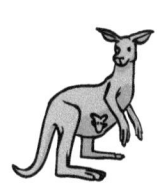

kengūra

kangourou

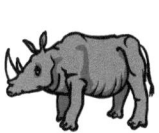

raganosis

rhinocéros

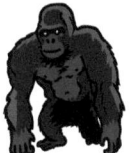

gorila

gorille

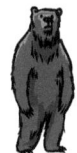

meška

ours

kupranugaris

chameau

strutis

autruche

liūtas

lion

beždžionė

singe

flamingas

flamand rose

papūga

perroquet

baltoji meška

ours polaire

pingvinas

pingouin

ryklys

requin

povas

paon

gyvatė

serpent

krokodilas

crocodile

zoologijos sodo prižiūrėtojas

gardien de zoo

ruonis

phoque

jaguaras

jaguar

ponis

poney

leopardas

léopard

begemotas

hippopotame

žirafa

girafe

erelis

aigle

šernas

sanglier

žuvis

poisson

vėžlys

tortue

vėplys

morse

lapė

renard

gazelė

gazelle

amerikietiškas futbolas
american Football

dviračių sportas
cyclisme

tenisas
tennis

krepšinis
basket-ball

plaukimas
natation

boksas
boxe

ledo ritulys
hockey sur glace

futbolas

football

badmintonas

badminton

atletika

athlétisme

rankinis

handball

slidinėjimas

ski

polas

polo

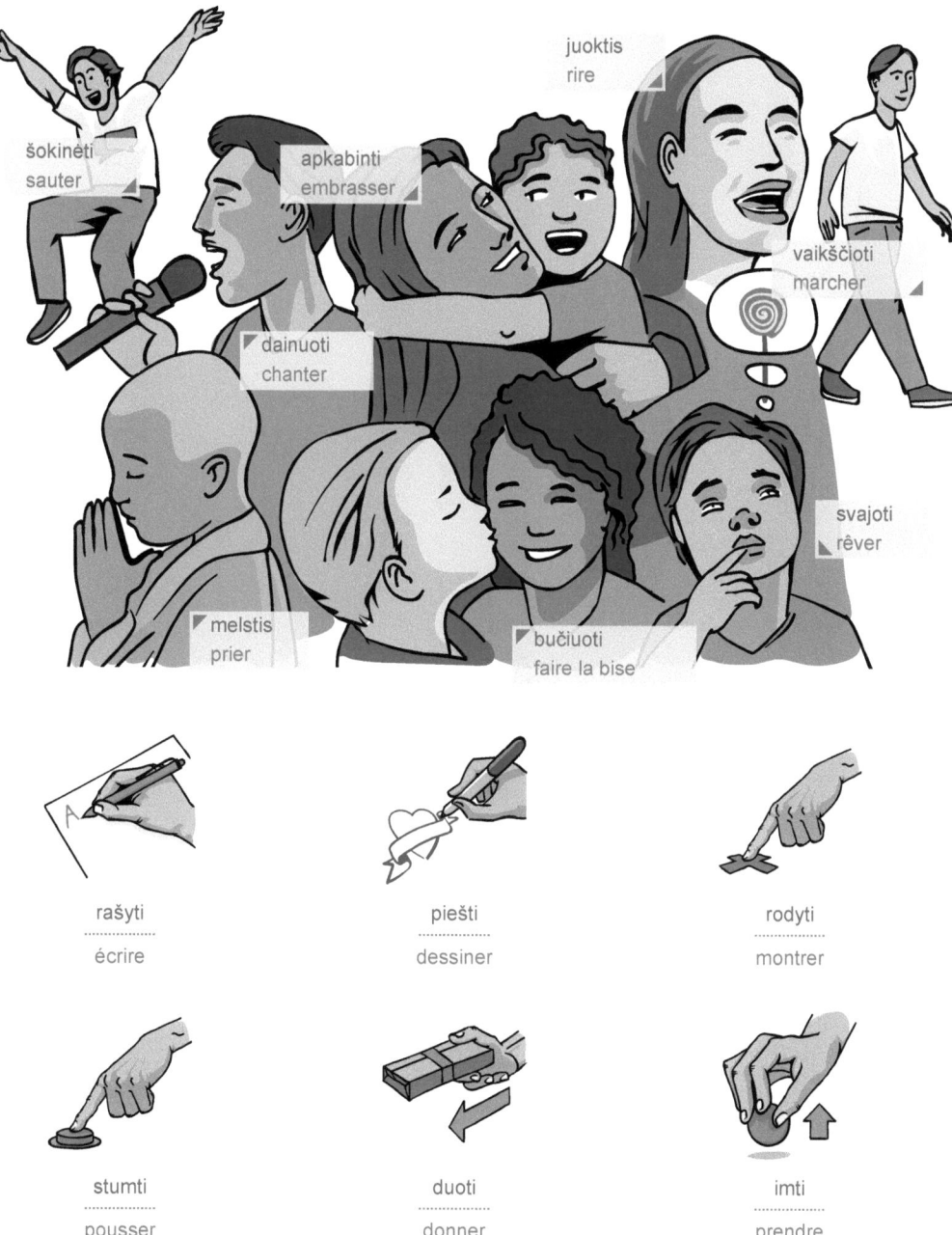

juoktis
rire

šokinėti
sauter

apkabinti
embrasser

vaikščioti
marcher

dainuoti
chanter

svajoti
rêver

melstis
prier

bučiuoti
faire la bise

rašyti	piešti	rodyti
écrire	dessiner	montrer

stumti	duoti	imti
pousser	donner	prendre

turėti

avoir

daryti

faire

būti

être

stovėti

être debout

bėgti

courir

traukti

trier

mesti

jeter

kristi

tomber

meluoti

être couché

laukti

attendre

nešti

porter

sėdėti

être assis

rengtis

s'habiller

miegoti

dormir

pabusti

se réveiller

žiūrėti

regarder

verkti

pleurer

glostyti

caresser

šukuoti

peigner

kalbėti

parler

suprasti

comprendre

paklausti

demander

klausytis

écouter

gerti

boire

valgyti

manger

tvarkytis

ranger

mylėti

aimer

gaminti

cuire

vairuoti

conduire

skristi

voler

buriuoti
....
faire de la voile

skaičiuoti
....
calculer

skaityti
....
lire

mokytis
....
apprendre

dirbti
....
travailler

vesti
....
se marier

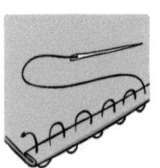

siūti
....
coudre

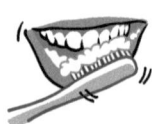

valytis dantis
....
brosser les dents

žudyti
....
tuer

rūkyti
....
fumer

siųsti
....
envoyer

senelė
grand-mère

senelis
grand-père

tėvas
père

motina
mère

kūdikis
bébé

dukra
fille

sūnus
fils

svečias

hôte

teta

tante

dėdė

oncle

brolis

frère

sesuo

sœur

kūnas

corps

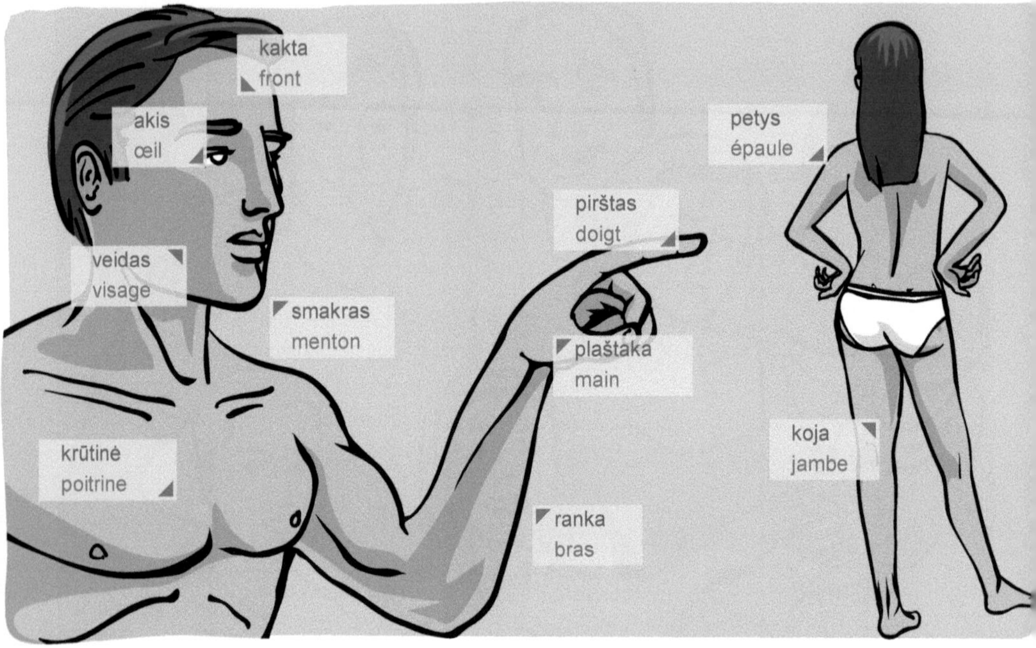

kakta
front
akis
œil
petys
épaule
pirštas
doigt
veidas
visage
smakras
menton
plaštaka
main
koja
jambe
krūtinė
poitrine
ranka
bras

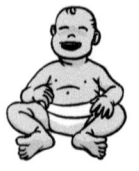

kūdikis

bébé

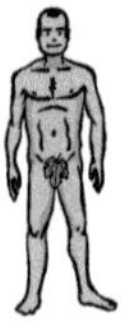

vyras

homme

moteris

femme

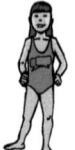

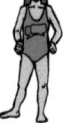

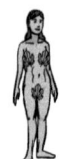

mergaitė

fille

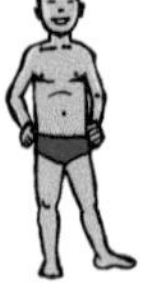

berniukas

garçon

galva

tête

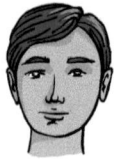

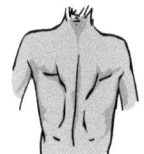

nugara

dos

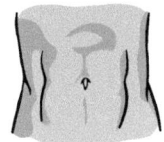

pilvas

ventre

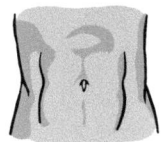

bamba

nombril

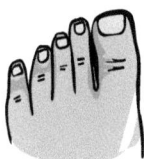

kojos pirštas

orteil

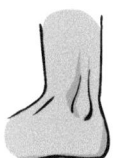

kulnas

talon

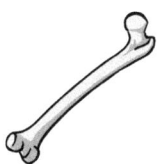

kaulas

os

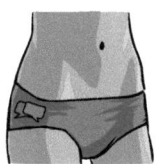

klubas

hanche

kelis

genou

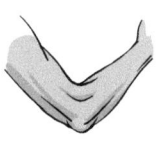

alkūnė

coude

nosis

nez

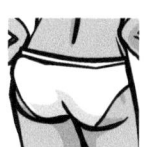

sėdmenys

fesses

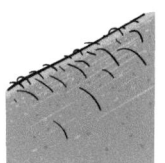

oda

peau

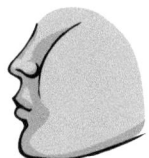

skruostas

joue

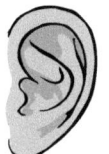

ausis

oreille

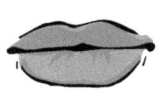

lūpa

lèvre

burna

bouche

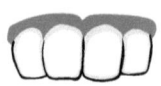

dantis

dent

liežuvis

langue

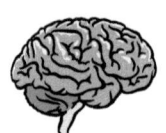

smegenys

cerveau

širdis

cœur

raumuo

muscle

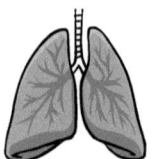

plaučiai

poumons

kepenys

foie

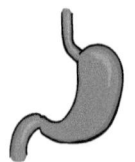

skrandis

estomac

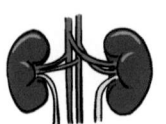

inkstai

reins

seksas

rapport sexuel

prezervatyvas

préservatif

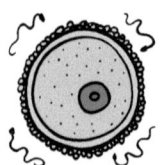

kiaušialąstė

ovule

sperma

sperme

nėštumas

grossesse

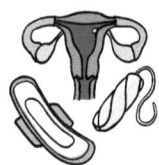

menstruacijos

menstruation

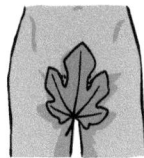

makštis

vagin

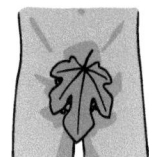

varpa

pénis

antakis

sourcil

plaukai

cheveux

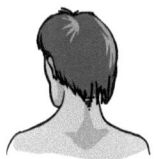

kaklas

cou

ligoninė
hôpital

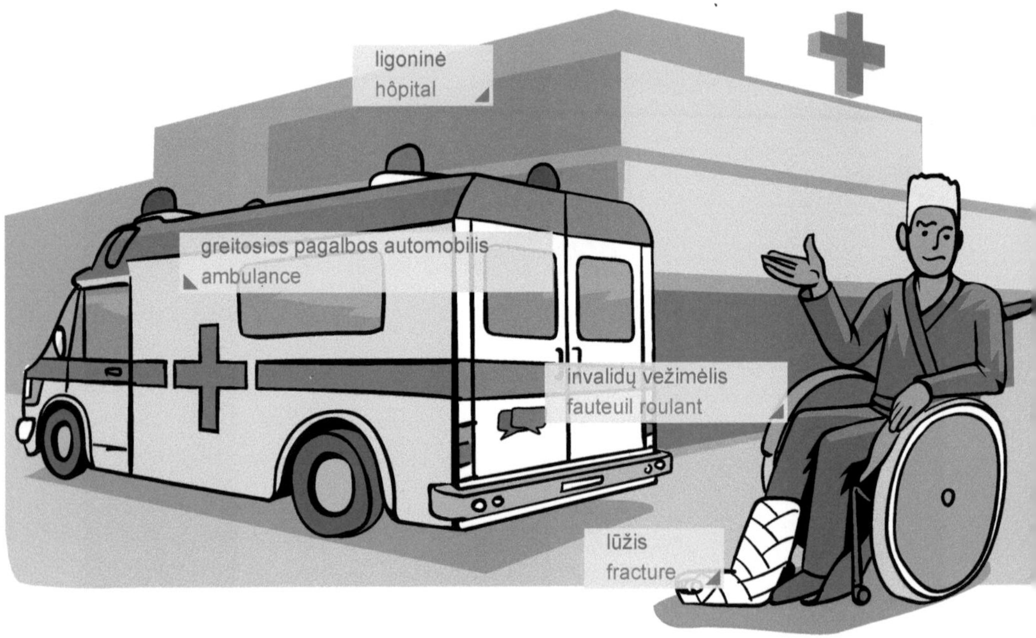

ligoninė
hôpital
greitosios pagalbos automobilis
ambulance
invalidų vežimėlis
fauteuil roulant
lūžis
fracture

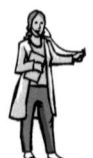

gydytojas

médecin

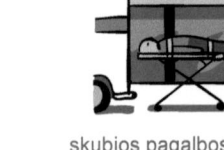

skubios pagalbos skyrius

service des urgences

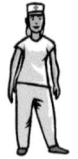

slaugytoja

infirmière

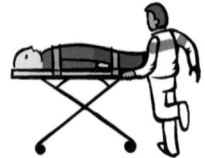

nelaimingas atsitikimas

urgence

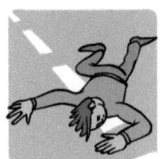

be sąmonės

inconscient

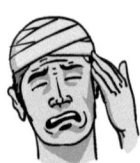

skausmas

douleur

sužalojimas

blessure

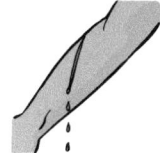

kraujavimas

hémorragie

širdies smūgis

crise cardiaque

insultas

attaque cérébrale

alergija

allergie

kosulys

toux

karščiavimas

fièvre

gripas

grippe

viduriavimas

diarrhée

galvos skausmas

mal de tête

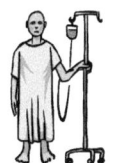

vėžys

cancer

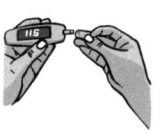

diabetas

diabète

chirurgas

chirurgien

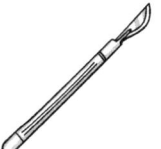

skalpelis

scalpel

operacija

opération

KT
CT

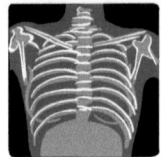

rentgenas
radiographie

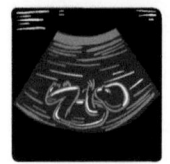

ultragarsas
échographie

veido kaukė
masque

liga
maladie

laukiamasis
salle d'attente

ramentas
béquille

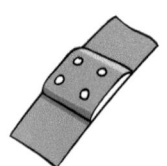

gipsas
pansement

tvarstis
pansement

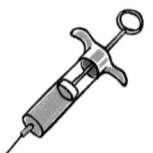

injekcija
injection

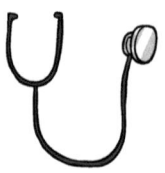

stetoskopas
stéthoscope

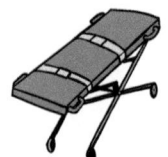

neštuvai
brancard

termometras
thermomètre

gimimas
accouchement

antsvoris
surcharge pondérale

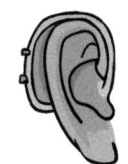

klausos aparatas

appareil auditif

dezinfekavimo priemonė

désinfectant

infekcija

infection

virusas

virus

ŽIV / AIDS

VIH / sida

vaistas

médicament

skiepijimas

vaccination

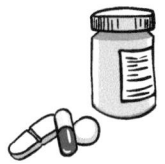

tabletės

comprimés

piliulė

pilule

skubios pagalbos numeris

appel d'urgence

kraujospūdžio matuoklis

tensiomètre

ligotas / sveikas

malade / sain

Padėkite!

Au secours !

pavojaus signalas

alarme

užpuolimas

assaut

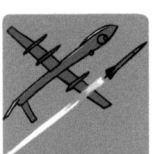

ataka

attaque

pavojus

danger

avarinis išėjimas

sortie de secours

Gaisras!

Au feu!

gesintuvas

extincteur

nelaimingas atsitikimas

accident

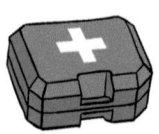

pirmosios pagalbos rinkinys

trousse de premier secours

SOS

SOS

policija

police

Europa

Europe

Šiaurės Amerika

Amérique du Nord

Pietų Amerika

Amérique du Sud

Afrika

Afrique

Azija

Asie

Australija

Australie

Atlanto vandenynas

Océan atlantique

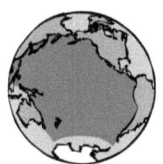

Ramusis vandenynas

Océan pacifique

Indijos vandenynas

Océan indien

Pietų vandenynas

Océan antarctique

Arkties vandenynas

Océan arctique

Šiaurės ašigalis

pôle nord

Pietų ašigalis

pôle sud

Antarktida

Antarctique

Žemė

terre

sausuma

pays

jūra

mer

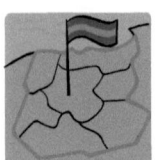

sala

île

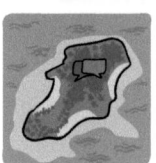

tauta

nation

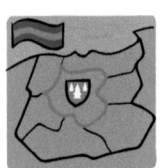

valstybė

état

ciferblatas

cadran

valandinė rodyklė

aiguille des heures

minutinė rodyklė

aiguille des minutes

sekundinė rodyklė

aiguille des secondes

Kiek valandų?

Quelle heure est-il ?

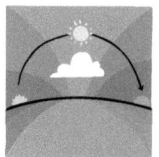

diena

jour

laikas

temps

dabar

maintenant

skaitmeninis laikrodis

montre digitale

minutė

minute

valanda

heure

savaitė

semaine

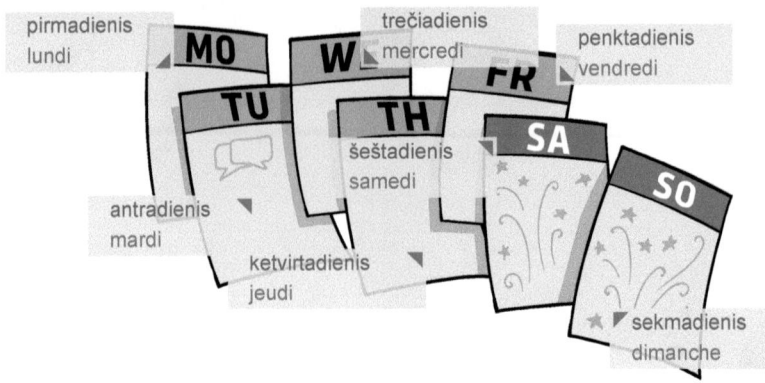

pirmadienis
lundi

trečiadienis
mercredi

penktadienis
vendredi

šeštadienis
samedi

antradienis
mardi

ketvirtadienis
jeudi

sekmadienis
dimanche

vakar

hier

šiandien

aujourd'hui

rytoj

demain

rytas

matin

vidurdienis

midi

vakaras

soir

darbo dienos

jours ouvrables

savaitgalis

week-end

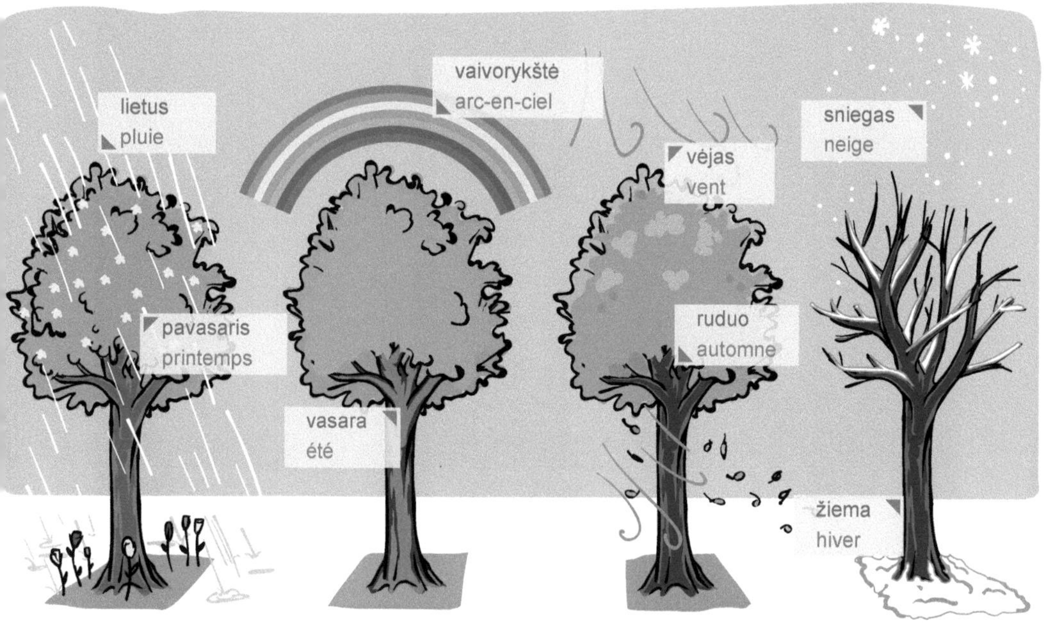

lietus
pluie
vaivorykštė
arc-en-ciel
sniegas
neige
vėjas
vent
pavasaris
printemps
ruduo
automne
vasara
été
žiema
hiver

4.APRIL 11°
5.APRIL 4°
6.APRIL 13°
7.APRIL 8°
8.APRIL 10°

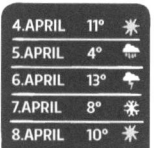

orų prognozė

météo

F C
120 40
90 30
60 20
30 10
0 0
-30 -10
-20

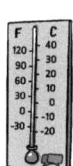

lauko termometras

thermomètre

saulės šviesa

lumière du soleil

debesis

nuage

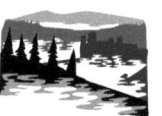

rūkas

brouillard

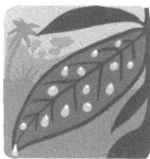

drėgmė

humidité

žaibas

foudre

griaustinis

tonnerre

audra

tempête

kruša

grêle

musonas

mousson

potvynis

inondation

ledas

glace

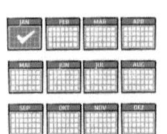

sausis

janvier

vasaris

février

kovas

mars

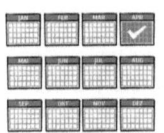

balandis

avril

gegužė

mai

birželis

juin

liepa

juillet

rugpjūtis

août

metai - année

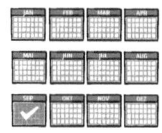

rugsėjis
....
septembre

spalis
....
octobre

lapkritis
....
novembre

gruodis
....
décembre

apskritimas
....
cercle

kvadratas
....
carré

stačiakampis
....
rectangle

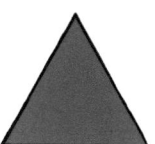

trikampis
....
triangle

sfera
....
sphère

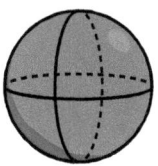

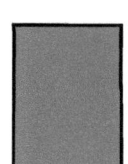

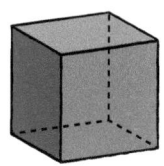

kubas
....
cube

balta

blanc

geltona

jaune

oranžinė

orange

rožinė

rose

raudona

rouge

violetinė

violet

mėlyna

bleu

žalia

vert

ruda

marron

pilka

gris

juoda

noir

daug / mažai

beaucoup / peu

piktas / ramus

fâché / calme

gražus / bjaurus

joli / laid

pradžia / pabaiga

début / fin

didelis / mažas

grand / petit

šviesus / tamsus

clair / obscure

brolis / sesuo

frère / soeur

švarus / purvinas

propre / sale

užbaigtas / neužbaigtas

complet / incomplet

diena / naktis

jour / nuit

miręs / gyvas

mort / vivant

platus / siauras

large / étroit

valgomas / nevalgomas

comestible / incomestible

piktas / malonus

méchant / gentil

linksmas / nuobodus

excité / ennuyé

storas / plonas

gros / mince

pirmiausia / paskiausia

premier / dernier

draugas / priešas

ami / ennemi

pilnas / tuščias

plein / vide

kietas / minkštas

dur / souple

sunkus / lengvas

lourd / léger

alkis / troškulys

faim / soif

ligotas / sveikas

malade / sain

nelegalus / legalus

illégal / légal

protingas / kvailas

intelligent / stupide

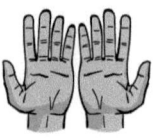

kairė / dešinė

gauche / droite

arti / toli

proche / loin

naujas / naudotas

nouveau / usé

niekas / kažkas

rien / quelque chose

senas / jaunas

vieux / jeune

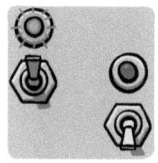

įjungta / išjungta

marche / arrêt

atidaryta / uždaryta

ouvert / fermé

tylus / garsus

faible / fort

turtingas / vargšas

riche / pauvre

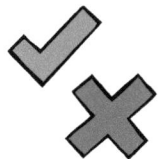

teisus / neteisus

correct / incorrect

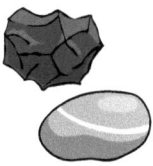

šiurkštus / švelnus

rugueux / lisse

liūdnas / laimingas

triste / heureux

trumpas / ilgas

court / long

lėtas / greitas

lent / rapide

drėgnas / sausas

mouillé / sec

šiltas / šaltas

chaud / froid

karas / taika

guerre / paix

0

nulis

zéro

1

vienas

un / une

2

du

deux

3

trys

trois

4

keturi

quatre

5

penki

cinq

6

šeši

six

7

septyni

sept

8

aštuoni

huit

9

devyni

neuf

10

dešimt

dix

11

vienuolika

onze

12

dvylika

douze

13

trylika

treize

14

keturiolika

quatorze

15

penkiolika

quinze

16

šešiolika

seize

17

septyniolika

dix-sept

18

aštuoniolika

dix-huit

19

devyniolika

dix-neuf

20

dvidešimt

vingt

100

šimtas

cent

1.000

tūkstantis

mille

1.000.000

milijonas

million

anglų

anglais

amerikiečių anglų

anglais américain

kinų (mandarinų)

chinois mandarin

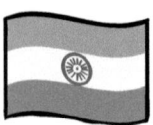

hindi

hindi

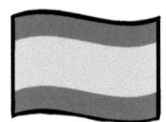

ispanų

espagnol

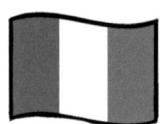

prancūzų

français

arabų

arabe

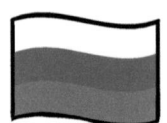

rusų

russe

portugalų

portugais

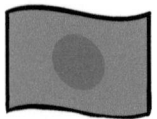

bengalų

bengali

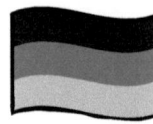

vokiečių

allemand

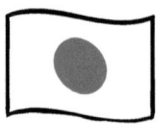

japonų

japonais

aš
je

tu
tu

jis / ji
il / elle / ce, c', cela

mes
nous

jūs
vous

jie
ils / elles

kas?
Qui ?

ką?
Quoi ?

kaip?
Comment ?

kur?
Où ?

kada?
Quand ?

vardas
nom

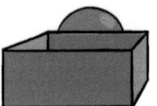

už
....
derrière

kur (vieta)
....
dans

priešais
....
devant

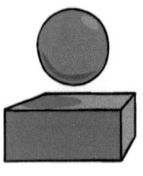

virš
....
au-dessus

ant
....
sur

po
....
en-dessous

prie
....
à côté de

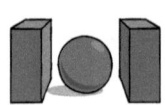

tarp
....
entre

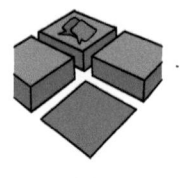

vieta
....
lieu